AF247956

SŒUR STANISLAS

DE LA

CONGRÉGATION DES SŒURS DE LA CHARITÉ

ET DE

L'INSTRUCTION CHRÉTIENNE

DE NEVERS

TOULOUSE

IMPRIMERIE DOULADOURE

ROUGET FRÈRES ET DELAHAUT, SUCC^{rs}

Rue Saint-Rome, 39.

1871

SŒUR STANISLAS

DE LA

CONGRÉGATION DES SŒURS DE LA CHARITÉ

ET DE

L'INSTRUCTION CHRÉTIENNE

DE NEVERS

TOULOUSE

IMPRIMERIE DOULADOURE

ROUGET FRÈRES ET DELAHAUT, SUCCrs

Rue Saint-Rome, 39.

1871

I.

Sœur Stanislas , de la Congrégation
des sœurs de charité de Nevers , naquit,
vers 1831, de parents plus distingués
par leur vertu que par leur condition.
Elle était la dernière de cinq enfants.
Elle montra de bonne heure, envers Dieu
de l'attrait, envers soi-même ce respect
pudique d'où émane la modestie. Par
instinct, l'hermine évite la fange; par
un instinct de même nature, cette en-
fant évitait toute apparence vile ou sim-

plement suspecte. Les années ne firent
que développer ce goût, et c'est parmi
nous une opinion unanimement accré-
ditée, qu'elle a porté dans la tombe la
chaste intégrité de son berceau.

De sa première communion, nous
avons appris par ses épanchements
qu'elle s'y était présentée tremblante,
qu'elle y avait trouvé la plénitude du
bonheur. Elle nommait ce jour : « *Le
jour sans égal.* » Alors s'alluma la première, l'unique passion de sa vie, l'a-
mour de l'Eucharistie : on en jugera par
la suite.

La première communion est aussi la
date de sa vocation religieuse : elle l'a
dit, et sa mère le comprit. En la voyant
graviter de jour en jour davantage autour du tabernacle, sa mère fit entendre
cette parole : « *Je prévois que cette en-
fant ne sera pas le bâton de notre vieillesse.
Dieu l'appelle ; il ne faudra pas lui résister.* »

A quinze ans elle était au noviciat de

Nevers. Dans cette novice naïve, réservée, timide, et non pas sans embarras, le premier regard n'apercevait rien de saillant; un regard plus attentif découvrait dans son œil limpide des profondeurs calmes et divines, une certaine révélation de la présence de Dieu, une sorte de ciel inférieur. Sur son visage doucement réfléchi se peignaient, avec l'ignorance de soi, toutes les nuances de la bonté. Avec cela, elle était souple, malléable, sensée, douée de docilité et de mesure. Sous la main d'une maîtresse habile à débrouiller le chaos des jeunes âmes où s'agitent avec confusion les éléments des carrières futures, la novice put dégager promptement les formes exquises de son caractère, sa distinction innée, toute cette noblesse morale qui porterait à penser que certaines créatures ont Dieu pour ancêtre immédiat et unique.

Elle prononça ses premiers vœux à seize ans et demi. La sagesse divine, qui n'a pas d'âge, avait déjà son siége dans cette âme. La jeune religieuse avait un sens particulier : en toutes choses elle devinait ce qui convient : c'était son genre de maturité. Quand elle partit pour sa mission, la maîtresse des novices lui dit : « *Allez, vous m'avez trompée sur votre âge...* »

C'était en 1848 : elle arrivait de Nevers à Lectoure, dont le pensionnat fut sa première et unique maison. Là devait se dérouler, durant vingt-quatre ans, sa destinée de charité. Elle s'y déroula avec une grâce pénétrante et une sérénité incomparable. J'ai indiqué la sûreté de son jugement : en toutes choses elle trouva sa vraie voie sans tâtonner. Sa grâce suave décida les sympathies à première vue. Et, tandis que par l'affabilité du caractère elle attirait les cœurs, je ne sais quelle lumière voilée, ni quelle dignité recueillie enveloppant toute sa personne, pénétraient les autres de respect et les tenaient à distance.

J'ai nommé le pensionnat de Lectoure.
Les anciennes élèves dont cette maison
est le berceau, et ceux qui l'ont seulement visitée, se la représentent au som-
met d'un plateau, dans une avenue
étroite et silencieuse de la vieille cité,
et dominée par la masse imposante de
la cathédrale. C'est l'antique monastère
des Clarisses. Au dehors, en vue des
collines verdoyantes, se déploient des
lignes hautes, larges, d'un style grave
et régulier. Au dedans règne un cloître
dont chaque pierre couvre une tombe.
Tandis que les ossements des vierges
solitaires d'autrefois, dorment sous les
dalles depuis plusieurs siècles, leur esprit flotte encore dans l'air et remplit
la pensée des vierges d'aujourd'hui.
Celles-ci n'ont pas le même nom, ni le
même manteau, mais elles ont la même
foi. La sœur de charité qui passe sous les
arcades voilées par les branches pen-
dantes du lierre et de la vigne vierge,
et qui médite à pas lents autour du jar-

din, ressent la majesté bienfaisante de la solitude ; elle croit habiter une île détachée du continent de l'éternité.

Sœur Stanislas fut reçue au seuil par la mère Jalabert, d'intelligente et forte mémoire, qui saisit bientôt ses aptitudes spéciales, et s'appliqua à les développer.

II.

La principale aptitude de sœur Stanislas était la formation chrétienne des enfants. Elle ressentait pour elles cet amour qui unit à la céleste pudeur de la Vierge les chastes tendresses de la mère. Par inclination, elle recherchait les lis, et elle tenait de Dieu un art secret pour les cultiver. Un âge surtout répondait pleinement à ses facultés, c'est celui qui partage l'enfance d'avec la jeunesse, l'âge de la première communion. Elle excellait à y préparer ; en elle ce talent tenait du génie.

Les enfants lui ouvraient leur âme, comme les fleurs ouvrent leur calice aux rayons du soleil. Elle obtenait cela sans effort, sans dessein formel, par voie de séduction naturelle; et je ne saurais dire de qui provenait le premier mouvement de ces confidences, si c'était de l'élève ou de la maîtresse ; car celle-ci les appelait sans le vouloir, et celle-là les épanchait à son insu. Les enfants la nommaient : *Petite Mère*. Ce synonyme, à force de supplanter son vrai nom, passa du style des enfants dans celui de ses compagnes, et jusque dans celui des prêtres et des femmes du monde.

Elle goûtait un bonheur particulier à faire le catéchisme : elle y vaquait deux fois par semaine ; elle nommait ces deux jours : « *Deux jours de fête.* » Quant à ses entretiens de piété, ils ne se comptaient pas; elle y communiquait une chaleur plus insinuante que vive. Même dans le silence elle avait un air tellement surnaturel, que sa vue éveillait de bonnes

1.

pensées. Soit par le silence, soit par la parole, elle purifiait, elle élevait. Elle avait des ailes dans le cœur, sinon dans l'intelligence, et il semblait que son souffle et sa vue eussent le don de faire pousser aussi des ailes dans le cœur des jeunes filles. C'est à cela seulement qu'a servi le charme suave et irrésistible de sa personne.

Soit attrait, ou bon sens, ou vertu, sœur Stanislas comprit toujours que l'enfance était son vrai élément : et quels que soient pour l'esprit inconstant de l'homme le dégoùt du connu et le goùt de l'inconnu, elle ne soupira jamais après un autre emploi. Quand ses élèves quittaient sa classe pour monter à une classe supérieure, elles ne s'en séparaient pas sans verser des larmes ; elles portaient quelque temps au cœur une sorte de deuil ; plus longtemps encore, le nom de sœur Stanislas, prononcé devant elle, faisait monter à leur visage une sorte de recueillement tendre, et presque solennel.

III.

Dans la vie de communauté, elle était une compagne accomplie; elle était dans le sens rigoureux du mot *la sœur* de chaque religieuse. Elle n'avait ni hauteur, ni fausse humilité : c'était une amie. Elle était bonne envers toutes ; elle soutenait les faibles ; elle initiait les jeunes. Tout bon procédé la rendait reconnaissante. Ses confidentes assurent qu'elle s'avouait portée à la domination et aux brusques éclats d'humeur : si cela est vrai, je puis lui appliquer ces mots de saint Ambroise : « *Heureux celui qui s'est dompté dès sa jeunesse ; il ressent dans un calme profond l'avant-goût de la félicité céleste.* »

Elle avait un esprit si avisé, si pondéré, si conciliant que chaque Religieuse venait naturellement la consulter. Conseillère consultée, elle devenait au be-

soin conseillère spontanée. Elle avertis-
sait et savait, non-seulement faire aimer
les vérités qui froissent l'amour-propre,
mais encore inspirer les résolutions et
les sacrifices utiles. A toutes, elle parlait
volontiers de Dieu, de la perfection et
des moyens d'y avancer.

C'était le temps où une âme chaude et
mystique, servie par une imagination
vive, par une intelligence cultivée, par
une volonté entreprenante, par un caractère souple, persuasif, entraînant,
fondait dans le pensionnat de Lectoure
cette communauté d'idées, de goûts,
d'élan, que nul ne vit de près sans l'ad-
mirer. Travail et prière, étude et bonnes œuvres, recueillement et gaîté, esprit de sacrifice, esprit d'oraison, esprit
de famille, tout vivait, tout florissait à
la fois. Quels beaux courants intellec-
tuels et chrétiens emportaient les âmes!
L'étude des choses divines en donnait
l'amour, et selon le mot de saint An-
selme, la science engendrait la piété.

Quand on entrait dans la chapelle pour
y adorer Notre-Seigneur Jésus-Christ,
en voyant tous ces visages, rayonnants
d'intelligence autant que de piété, on
sentait qu'il régnait là, non-seulement
comme le Dieu d'amour, mais encore
comme le Père des sciences et l'inspira-
teur des arts. Chez les jeunes filles, nul
souci de parure et de beauté extérieure :
elles songeaient à parer l'esprit et la cons-
cience, elles couraient après la beauté
morale. C'était une ère de mouvement,
de lumière, de ferveur, un âge d'or. Cet
âge dure encore. Celles-là ne me démen-
tiront pas qui ont passé leur jeunesse
dans cette oasis, et qui se souviennent d'y
avoir goûté tous les nobles plaisirs de
l'esprit. Quand des lieux divers où la
Providence les a dispersées, leur pensée recompose le tableau vivant du pensionnat, elles ont un mot pour le dési-
gner, elles le nomment : « *le Paradis
perdu.* » J'ai vu un jour, au seuil de la
maison, une femme inondée de larmes

et suffoquée par les sanglots. C'était une ancienne élève qui revoyait le couvent pour la première fois, depuis son éducation, et qui ne pouvait pas dominer l'émotion irrésistible des souvenirs.

Dans la création de ce beau mouvement, la part de sœur Stanislas fut circonscrite, mais considérable. Elle contribua peu à en fixer le caractère intellectuel ; mais nul ne saurait dire ce qu'elle y imprima de pureté, de grâce et d'élévation. Elle y travailla avec persévérance jusqu'à la fin. Sur le soir de sa vie, à chaque réveil de ses forces défaillantes, elle se traînait d'un pas appesanti par les progrès inexorables de la mort ; elle venait s'asseoir dans le groupe de ses compagnes. Elle n'avait qu'un but, jouir une fois encore de ces entretiens qui l'aidaient à pressentir la société du Ciel : en réalité elle y apportait un nouveau tribut, en exhalant à son insu ses derniers parfums.

IV.

J'ai affirmé, mais j'ai peu expliqué l'influence de sœur Stanislas : elle venait de sa piété. La piété était sa qualité dominante, celle qui engendrait, qui soutenait, qui animait toutes les autres. Elle aimait la prière comme son élément. Toutes les pratiques saintes lui plaisaient, mais de préférence celles de la règle, les exercices de communauté : « *Je n'aime pas de prier seule*, disait-elle. *Ce n'est pas trop de la ferveur de toutes les autres pour allumer la mienne.* »

Le matin, après son lever, elle allait d'un cœur impatient à la chapelle ; elle y devançait ses compagnes. L'oraison la captivait, elle disait : « *Cet exercice est décisif pour la journée.* » Si elle ne méditait pas selon une méthode raisonnée, la justesse, la mesure et la clarté qui distinguent l'esprit de Dieu, accompagnaient toujours les épanchements affectueux de son âme. Elle avait le goût de la contemplation, à ce point qu'elle jeta un œil d'envie sur la vie claustrale où les travaux du zèle extérieur ne gênent pas la liberté de la contemplation. Cette tentation, l'unique de sa vie, fut disci-plinée, vaincue par le bon sens; mais il lui en resta une trace, une trace bien-heureuse : c'était l'inclination de se tenir unie à Dieu.

Si nous avons su rendre exactement son caractère, nul ne s'étonnera qu'elle eut le don des larmes. Elle en répandait chaque fois qu'elle faisait une séance prolongée dans la chapelle. Les larmes, en voilant les yeux de son corps, éclai-raient ceux de son âme : elle comprenait mieux les vérités divines à l'aide de l'amour. Elle aurait pu dire comme un homme célèbre : « *Je regarde ce que tout le monde regarde, mais je vois ce que tout le monde ne voit pas.* » On a trouvé un manuscrit de ses impressions de chaque jour ; la ferveur et le désir de la perfec-tion y respirent à chaque ligne.

En matière de lecture, elle s'interdisait tout ce qui n'élève pas directement à Dieu. Elle épuisa cent fois le Psautier de la Bible et le livre de l'Imitation. Les œuvres spirituelles de Fénelon, de saint François de Sales, de saint Liguori, de saint Bonaventure, lui étaient familières. C'étaient autant de présents offerts par ses élèves, et choisis selon la nature de ses goûts qui étaient très-connus. Elle dota la bibliothèque de la communauté de tous ces bons ouvrages et d'autres encore, non sans en avoir tiré un exemplaire qui était gravé dans son cœur. Je puis dire, en employant une image de saint Jérôme, que : « *Son cœur était une bibliothèque chrétienne.* » On verra plus tard que pour charmer les longues et pesantes heures de sa dernière maladie, elle se faisait relire les meilleures pages de ces maîtres. C'est cela qui endormit ses maux.

Qui de nous ignora son attrait pour la sainte Communion ? Un jour, elle

2.

disait : « *Ah ! si le monde savait la lumière et la suavité qu'elle contient, on reviendrait à la ferveur des premiers siècles.* » Elle s'y préparait par la pénitence : « *Je veux me présenter à la confession comme au jugement dernier*, disait-elle, *cela m'inspirera un sincère repentir.* » J'ai parlé de *pénitence* : de tout ce que ce mot signifie, rien ne lui fut étranger, pas même les mortifications aiguës, sanglantes du corps. La maladie seule put en suspendre l'habitude, comme la prudence des directeurs avait pu seule en prévenir l'excès.

La Communion étant un acte de durée trop courte à son gré, Sœur Stanislas y suppléait par la fréquente adoration de Notre-Seigneur sur l'autel. Elle l'adorait avec tant de foi, et sa foi resplendissait si vivement dans son visage, qu'elle semblait le voir sans mystère. Elle a rempli pendant dix-sept ans l'emploi de la sacristie ; elle aimait cet emploi, parce qu'il la rapprochait de Dieu, et elle y consacrait tous les moments de loisir. Elle touchait les vases sacrés avec un respect délicat ; elle mettait dans la parure des autels le fini , le goût exquis dont l'amour seul a le secret. Avec les cérémonies saintes , avec les chants tristes et doux qui expriment l'exil de l'âme chrétienne loin du Ciel , ces choses divines composaient son bonheur ; et ce bonheur était profond , il se traduisait , à tous les yeux, par une radieuse sérénité.

J'attribue à la pensée presque continuelle de la sainte Eucharistie le double caractère de sa physionomie, à la fois ouverte et discrète. Ce fut aussi le double caractère de sa vie ; elle livra une partie de son âme à tous , son âme entière à personne. Même dans l'abandon de l'amitié, on sentait qu'une partie de sa pensée et de son attention était ailleurs. Je ne sais quoi d'elle était partout absent des autres et d'elle-même, parce qu'elle l'avait oublié devant l'autel; et c'est seulement là qu'en retrouvant ce qu'elle y avait laissé, elle se recomposait en entier.

De très-bonne heure, elle s'était liée secrètement à Notre-Seigneur Jésus-Christ par des vœux perpétuels. Elle trouvait dans ce lien une source de joie; elle en célébrait chaque année l'anniversaire avec une ferveur et une reconnaissance toujours nouvelles.

Je ne puis dire tout ce qui distingua sa piété, mais je ne puis taire ce qui en fut un élément essentiel, l'amour de la Sainte Vierge. Le 21 novembre 1857, fête de la Présentation, elle se sentit inspirée de se donner à la Mère de Dieu par une formule particulière qu'elle écrivit, et qu'elle porta depuis lors sur son cœur dans un pli secret de son scapulaire. Voici le texte de cette formule :

« O Marie ! ma bonne et tendre Mère, » je dépose entre vos mains et sur votre » cœur mes pensées, mes paroles, mes » actions et mes peines de toute la vie.

» Je vous consacre mon cœur avec toutes
» ses affections , mon âme avec toutes
» ses puissances, mon corps avec tous
» ses sens. Je vous établis ma divine
» dispensatrice ; disposez de moi et des
» faibles mérites de ma vie pour la plus
» grande gloire de Dieu et pour le bien
» des âmes. »

Après ces accents de son âme har-
monieuse, il convient de ne rien ajouter :
ces paroles authentiques expriment as-
sez sa piété.

V.

Dix ans après les avoir tracées, après
les avoir portées dix ans sur son cœur,
elle sentit les premières atteintes de la
phthisie. C'était en 1867 ; elle cessa
son office de classe avec douleur ; car
elle quittait ce qui avait enchanté sa
vie ; mais loin de donner à ses regrets
une forme puérile, elle sut les concen-
trer ; et en remettant à d'autres mains

la conduite des jeunes âmes qu'elle ché-
rissait, elle revêtit son obéissance de
grâce et de bon esprit.

Dans l'espoir de retrouver les forces
nécessaires au travail, elle s'assujettit,
avec un rare bon sens et une sage énergie, à tous les soins qui lui étaient or-
donnés. Elle voulait redevenir l'*ouvrière
de l'Eglise*. Parfois, se jugeant inutile
et même à charge, elle se livrait au cha-
grin ; mais il suffisait d'un mot juste,
d'une réflexion sensée, et la simplicité
chrétienne reprenait le dessus.

En vérité, jamais elle n'avait été plus
utile. Le progrès de ses vues sur les
choses et sur les personnes suivait le
progrès de sa maladie ; chaque jour,
son jugement gagnait en sérénité, en
justesse, en élévation. Elle ressemblait
à un voyageur parti la nuit du fond de
la vallée, qui gravit péniblement la
montagne, qui approche peu à peu de
la cime, et qui est déjà éclairé par les
premières lueurs du matin, tandis que

les habitants de la vallée sont encore plongés dans les ténèbres.

Sa chambre de malade était devenue un sanctuaire d'oracles, où chacun entrait pour consulter : les Religieuses lui soumettaient leurs inquiétudes, leurs doutes, leurs projets ; ses réponses étaient sages, lucides, pacifiantes ; on se retirait éclairé et fortifié. La vie de la maison partait de là ; la supérieure en était la tête, cette malade en était le cœur. C'est bien en considérant cette infirme qu'on songeait à la belle image de saint Jérôme : « *La Vierge*, dit-il, *est comme l'arche sainte d'Israël ; elle contient les tables de la loi, et Dieu rend des oracles en elle comme autrefois sur le propitiatoire de l'Arche !* »

Durant les derniers printemps et les derniers automnes, quand le soleil rendait l'air tiède et la nature gaie, elle descendait à pas lents dans le jardin, et prenait place dans un petit pavillon retiré, cher à toutes les Sœurs, parce

que chacune y trouvait quelque souvenir personnel d'étude et de recueillement.
On avait nommé ce pavillon : *Solitude Saint-Bernard*. Là, Sœur Stanislas s'abandonnait au plaisir de goûter la lumière, le ciel bleu, la nature verdoyante.
Elle s'épanouissait, elle se rattachait à la vie, elle secouait cette langueur maladive du caractère qui vient de la langueur maladive du corps ; elle se remettait en sérénité, en confiance, en vigueur ; ses compagnes approchaient et se groupaient. Pendant les causeries, la vie, l'âme remontait à son beau visage, déjà tant ravagé, hélas ! Ses traits prenaient une harmonie d'un nouveau genre, harmonie encore douce, mais plus sévère, vraiment solennelle ; les Sœurs la regardaient à la dérobée, et demeuraient dans une admiration mêlée de tristes saisissements.

Bientôt, le mal, continuant son œuvre implacable, riva ses pieds à l'infirmerie. Une tribune met l'infirmerie en communication avec la chapelle : elle y venait aux heures de règle pour s'unir aux prières de la communauté. C'est à cette place, les yeux fixés sur le saint tabernacle, qu'elle s'est préparée à mourir et à bien comprendre cette aimable vérité, que la mort de la Vierge n'est que sa réunion avec le divin Epoux.

Quand ses compagnes, suppléant à la faiblesse de sa tête et de ses yeux, lui faisaient une sainte lecture, elle les arrêtait pour faire remarquer les passages frappants, pour y mêler des conseils amis, comme celui-ci : « *Puisque vous êtes jeune, commencez bien ; donnez-vous à Dieu sans réserve.* «

Elle baisait souvent le crucifix, surtout quand la souffrance lui livrait de suprêmes assauts. Son énergie se retrempait dans ces baisers, au point que dans les tortures les plus intolérables, elle disait à une Sœur, avec le sourire sur les lèvres : « *Pauvre amie, qu'il est doux de souffrir pour gagner le ciel quand on n'est pas bon à autre chose !* »

Quelquefois, la crainte des jugements de Dieu s'abattit sur son âme, et même se changea en terreur ; mais cette épreuve durait peu : par docilité envers les assurances de l'Eglise, comme par candeur naturelle, elle rentrait bientôt dans la confiance des vrais enfants de Dieu. Elle savait même prévenir cette épreuve ; quand elle en sentait l'approche, elle appelait soit l'aumônier, soit la supérieure, et leur disait : « *Parlez-moi de la bonté de Notre-Seigneur et des promesses qu'il a faites aux Vierges, cela me calmera.* » Oui, cela la calmait, et à un degré si merveilleux, qu'à peu de distance de sa dernière heure, voyant ses compagnes étonnées de sa profonde tranquillité, elle leur dit : « *J'ai fait ce que j'ai pu. Maintenant, je me suis jetée tout entière dans les bras de la miséricorde de Dieu, et je n'en veux plus sortir...* »

Cent fois elle parut expirer, cent fois sa vie reprit sa flamme. Ses compagnes qui la surveillaient, passaient par de continuelles alternatives de crainte et d'espoir. Elles ressemblaient à ces enfants crédules qui ont les yeux attachés au firmament pendant la nuit, qui regardent scintiller une étoile, qui voient sa lumière trembler, disparaître et reparaître, et disparaître encore ; qui se troublent et s'inquiètent, s'imaginant qu'un coup de vent peut éteindre la belle lampe du Ciel, ainsi qu'il advient sur terre d'une lampe exposée aux souffles de l'air ; et qui, enfin, se rassurent parce que la flamme de l'étoile ne cesse pas d'étinceler. Ainsi en voyant sœur Stanislas toujours vivre, toujours mourir et toujours revivre, ses compagnes se demandaient si une cause impénétrable n'éloignerait pas longtemps encore le dénouement tant redouté.

Cependant des signes caractéristiques annoncèrent la fin. Elle ne le comprit pas ; mais une parole grave et douce de l'Archiprêtre suffit pour écarter son illusion. Elle lui dit avec une fermeté simple : « *M. le Curé, si l'on m'avait avertie, j'aurais demandé moi-même les derniers sacremenls.* »

Avec un merveilleux surcroît de liberté d'esprit, de calme et de ferveur, elle demanda publiquement pardon à son confesseur, à ses compagnes, aux domestiques. Elle exhala des paroles de tendresse et de reconnaissance, et se retournant vers l'Archiprètre : « *M. le Curé*, dit-elle, *voyez comme elles sont bonnes!...* » La supérieure, longtemps son égale, et toujours son amie, était absente pour remplir un grand devoir imposé par la Congrégation. Pendant dix-sept ans ces deux âmes entrelacées avaient formé une seule âme. Diverses d'énergie et d'intelligence, pareilles en tendresse et en élévation, elles semblaient les deux moitiés indivisibles d'un seul tout. Au moment suprême, sœur Stanislas se soulevait pour demander sa supérieure, son amie... Le Prêtre fit appel à ce dernier sacrifice... Elle sourit, et se soumit!

Elle dicta pour sa famille de touchants et solennels adieux où, après avoir imploré ses prières, elle lui donnait rendez-vous au Ciel.

A partir de ce moment, elle défendit toute conversation étrangère à Dieu. Elle disait : « *Priez, priez encore.* » Toute frayeur cessa, elle croyait partir pour un voyage agréable. Quelques heures avant de mourir, elle versa des larmes de joie en pensant qu'elle allait bientôt contempler Dieu, Marie, saint Joseph, les anges et les élus, et s'écria : « *Mon Dieu, qu'il me tarde de vous voir, ainsi que votre sainte Mère !* »

Sur la demande des sœurs, elle leur distribua avec bonne grâce ses images et ses médailles, après les avoir baisées, et en y ajoutant de pieux conseils. Et comme à la faveur de sa parfaite liberté d'esprit, elle vit les plus jeunes trop vivement impressionnées de ses souffrances, elle les rassura en disant : « *Combien la mort est douce !* »

Elle fit sonner elle-même son agonie qui fut longue!... Le 12 septembre à trois heures du matin, après un recueillement profond, elle rendit sa belle âme à Dieu, et avec tant de douceur qu'il fut impossible de marquer à quel moment l'âme s'était détachée du corps.

VI.

A peine avait-elle cessé de vivre que la primitive beauté de son visage se recomposa, mais avec un air plus angélique et plus majestueux. La foule, attirée par la nouvelle de sa mort, passait et se renouvelait sans cesse, en murmurant à voix basse des paroles d'admiration. Les anciennes élèves se disputèrent la faveur de la couronner, et, en quelques instants, les restes pudiques de la vierge furent inondés de fleurs.

La cité, estimant qu'une telle carrière passée tout entière à son service,

méritait de sa part à l'humble religieuse
l'honneur que la nation défère à ses
hommes d'élite, décida par l'archiprêtre
que les funérailles seraient aux frais de
l'Eglise. Sœur Stanislas sortit de sa chère
maison ; elle quitta pour toujours sa chapelle bien aimée au chant des cantiques
choisis parmi ceux qu'elle avait préférés.
Les petites filles de sa classe qui mar-
chaient autour de son cercueil, tenaient
des lis à la main. Huit enfants de Marie,
vêtues de blanc, portaient les insignes
de deuil. On y lisait, encadrés de fleurs,
ces mots : *Pauvreté, obéissance, chasteté,
charité*. Ces enfants, ces mots, ces lis
étaient un panégyrique muet et riant,
le seul qui convînt à la modestie et à la
grâce d'une telle mémoire !....

Au cimetière, la place de son dernier
repos avait été ingénieusement choisie
par l'amitié. C'est un tertre qui regarde
la terrasse et les fenêtres du couvent.
J'ai vu depuis lors les compagnes de
sœur Stanislas descendre souvent avec

une pieuse mélancolie jusqu'aux rampes de la terrasse, et, le visage tourné vers ce tertre qui contient les restes mortels de leur sainte amie, lui sourire à travers les larmes, murmurer des prières qui semblaient moins des prières qu'une mystérieuse conversation, et se pesuader que sa tombe n'était qu'une cellule, comme si ce point du cimetière n'était qu'un simple appartement de leur maison; de cette sorte la séparation est dissimulée.

Mais la séparation n'existe même pas, car il n'est pas de distance entre les âmes qui se chérissent. Elles paraissent loin, et elles sont près; vérité dont ce sujet fournit une preuve saisissante, car jamais sœur Stanislas ne fut, de son vivant, aussi présente dans sa maison qu'elle l'est aujourd'hui. Non-seulement son souvenir remplit les entretiens, mais encore son esprit domine les esprits; son souffle conduit la communauté. Sa vie n'a pas fini ici-bas, au contraire, elle semble commencer. Son prestige présent surpasse son prestige passé. Elle nous reste tout entière, excepté sa figure visible désormais soustraite à nos yeux. Quant à sa figure morale, quiconque l'a connue ne l'oubliera jamais.

Saint Ambroise a écrit quelque part ces mots : « *Les vierges m'ont prié de* » *tracer quelques pensées et quelques sou-* » *venirs à l'usage de leur piété. Je l'ai fait ;* » *car comment leur résister tandis que Dieu* » *même ne leur résiste jamais.* » Les vierges, compagnes et amies de sœur Stanislas, m'ont demandé de fixer sa physionomie à l'aide de leurs notes et de mes impressions, et je n'ai pas résisté. Ce portrait ne saurait égaler, en relief et en grâce, celui qui est peint dans leur propre mémoire ; néanmoins, j'espère qu'il sera utile aux sœurs qui ne la connurent pas ou qui la connurent trop peu ; utile à ses anciennes élèves qui, en le considérant, se confirmeront dans l'amour de la vertu. Elles éprouvèrent autrefois le charme de cette figure ; c'est pourquoi j'ose dire que la vertu, pour exercer un grand empire sur leur cœur, n'a désormais qu'à se présenter à elle sous la figure de sœur Stanislas.

P. SOURRIEU.

Toulouse, impr. Rouget frères et Delahaut, rue St-Rome, 39.

176

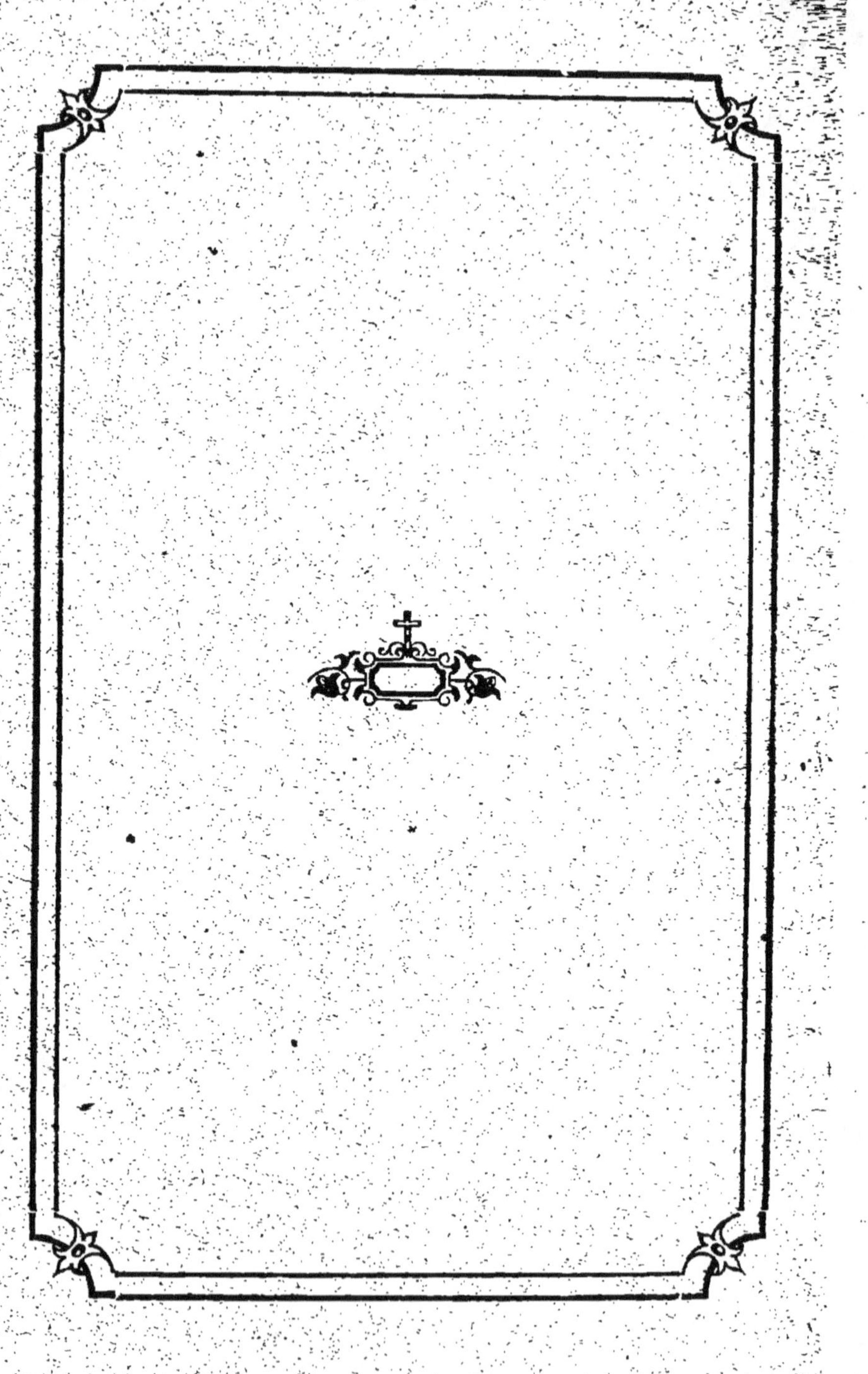